60个网球战术和心理策略：意志力训练

作者 约瑟夫 科雷亚

版权

©2016 Finibi Inc

60个网球战术和心理策略：意志力训练 作者 约瑟夫 科雷亚保留所以权利。

本书及其任何部分未经出版社同意不得擅自复制印刷，或用于其他用途，对本书的评论中的引用除外。为经出版社及作者允许擅自扫描，上传，通过网络或其他方式传播本书的行为都视为违法行为，并负法律责任。

请购买正版。使用本书训练前请咨询你的物理医师。

介绍

战术的使用是网球比赛中的一个重要部分。知道如何应用这些战术能够帮助你对抗比你强劲的对手时赢得更多赛局。这些战术能够帮助你做到以下三点事情：

1．为一个特定类型的选手做好准备。

2．你会知道在一场比赛中运用什么战术会最为有效。

3．根据你的打法去执行这些战术。

这本网球战术书是一本口袋书。它应该放在你的网球包里或者任何最容易阅读它的地方，使你随时能够运用那些在比赛中最为有用的战术。

关于作者

约瑟夫 科雷亚是一个职业的网球选手兼教练。参加国际网球协会和国际职业网球联合会的比赛并在其中执教多年。他除了是一位职业球员外，他还获得了美国职业网球网球注册职业教练证书以及国际网球协会儿童教练证书。训练过上百位网球选手。

作为本书的作者，我坚信在不同的比赛中执行不同的战术是非常重要的。有时一个较好的选手往往会轻易地输给他水平低的选手，正是因为他运用了错误的战术，而他的对手正好相反。本书将会帮你赢得更多的比赛并带给你更好的网球的职业生涯。

最好的祝愿，

约瑟夫 科雷亚

目录

介绍

关于作者

第一章：对抗基础打法的选手

1. 如何战胜底线选手

2. 怎么应对上网型选手

3. 如何战胜的底线防守型选手

4. 如何击败发球上网型选手

5. 如何压制全场型选手

6. 如何战胜高吊球型选手

7. 如何击败稳抓稳打型的选手

第二章：对抗高级打法的选手

8. 怎么应对发强力上旋球的球员

9. 如何战胜只打削球的球员

10. 如何战胜大力发球型的选手

11. 如何回击过网急坠球

12. 如何战胜奔跑型球员

13. 如何压制大力正拍

14. 如何战胜大力击球员

第三章：对抗非常规打法的球员

15. 如何打败"牢骚"型的球员

16. 如何击败打拖延战的球员

17. 如何战胜速战型的球员

18. 如何打败受欢迎的球员

19. 如何反击软角度球

20. 如何反击深高球

21. 如何反击高反手球

22. 如何战胜零乱打法的球员

第四章：精神上的战术

23. 如何克服紧张

24. 如何克服压力

25. 如何保持注意力集中

26. 交换场地时该想什么

27. 比赛前该思考什么

28. 比赛前晚前该思考什么

29. 落后一盘该怎么办

30. 领先一盘后该做什么

31. 到赛末点了该怎么办

32. 双发失误该怎么办

第五章：心理策略

33. *"认识你的对手"*

34. *"比赛在结束的时候，自己会结束"*

35. *"为成功做好准备"*

36. *"保持一张扑克脸"*

37. *"隐藏你的弱点，利用对手的弱点"*
38. *"胜者是最后一个将球打入场内的人"*
39. *"做诚实的自己"*
40. *"乘胜追击"*
41. *"成为冒充者，赢得比赛"*
42. *"击垮城墙"*
43. *"从每场比赛中学习"*
44. *"获取知识"*
45. *"清楚规则"*
46. *"打造自己的棋盘"*
47. *"找到模式"*
48. *"卒也能将军"*
49. *"建立一个基础"*
50. *"不要让井水干了"*
51. *"心胜于物"*
52. *"只在生日当天送礼物"*
53. *"拥有一颗狮子心"*
54. *"选择你的武器"*
55. *"用模仿练就完美"*

56. *"四叶草"*
57. *"为勇气而幽默"*
58. *"参加派对"*
59. *"婴儿学步是为了像巨人般的站立"*
60. *"你的二发：希望它能为你很好服务"*

第一章：对抗基础打法的选手

战术 #1

如何战胜底线选手

问题：

一个好的底线型球员尽量不会去网前，底线是他们的安全区。因此，最好的战术就是在反击的时候将他们带到网前—他们最为劣势的区域。现在用底线球或者简单的截击都可能造成对方失误。

解决办法：

击败的底线球员最好的方法之一就是利用以下任何一种打法，短线削球，放小球，短线上旋球，短线角度球，将他们带到网前。

如果你是用短线削球，可以将对手引诱到网前，如果这个球非常短，他的必须到网前来截击或是打过顶球。

如果你是用放小球，一定可以将对手带到网前。他们除了直奔到发球区里别无选择。

如果你是用短线上旋球，虽然不能将他们逼到网前但是如果他们不选择上网也会处于非常不利的位置。你可以利用这个优势打身后球。

如果你是打用短线角度，他们不仅不得不离开底线还会稍微跑出场外。要是他们不回到网前顾及内场的话，他们又会处于非常不利的位置。

如果你发了一好球，不时地发球上网或者只是简单地冲到网前总能给他们一些"惊喜"，造成他们失误。

战术 #2

怎么应对上网型选手

问题：

上网型选手总是在二发，回球较轻，短线球之后准备上网。他们最好的打击就是截击和过顶球。他们常通过在网前施压使得对手失误或做出错误的判断来得分。

解决办法：

对付上网型的选手最好的方式就是通过一发保持在底线，就算这样会减弱发球的力量。也可以深度的上旋球，将球打进对手球场的斜对方将其调到场外。如果他们已经上网你应该：

1. 将球打进底线。

2. 将球打进对手球场的斜对方。

3. 打短线角度球。

4. 通过平击，上旋或削球将球吊到他们的反手。

5. 直接将球击向他们的身体，解除他们的防守同时降低他们的速度。

战术 #3

如何战胜底线防守型选手

问题:

底线防守型球员不会主动出击。他们常根据你的击球策略来应对。如果你选择上网,他们就打你身后。如果你大力强攻,他们会借力打力,展开拉锯战。假如你不知道如何应对这类球员,他们会是很大的麻烦。如果你没有一套战术来应对,你打得越大力越快对他们就越有利。

解决办法:

要击败底线防守型的选手你时刻都要清楚是否要进攻,并事先就准备好一套平时联系得分的战术。一下是一些建议:

- 发宽球然后抓对手空档。

- 打空档然后上网施压得分。

- 打短线球强迫他们主动到网前。

战术 #4

如何击败发球上网型选手

问题：

发球上网型的球员快速和果断。一旦他们有机会就会要不犹豫的拿下分数。在有力或是带旋转发球后马上就会上网。

解决办法：

应对他们最好战术是降低他们的速度或是阻止他们上前。使他们慢下来并造成他们失误的三个最有效的方法是：

1. 他们的发球回到他们的脚下这样他们只能半途截击。

2. 将他们的发球回向他们的身体使他们身体在截击路线之外。这也许不是一个光彩的办法但是很有效果，在你别无选择的时候的一个手段。

3. 用高吊球对付他们。将回得尽量的高和深，然后马上做好准备，通常情况下，当球还在空中时，他们会果断地尝试用有力地过顶球进行回击。如果你的球吊得够高的话，他们会停下来试图打出一个完美的过顶球。但是这并不总是能轻易做到的，如果当天有风，下雨，在正午的时候，当太阳正对着他们眼睛时，晚上最难去判断距离的时候。

战术 #5

如何压制全场型选手

问题：

全场型球员可以打任何位置。发球上网，底线放手，网前积极地进攻，耐心地在后场打持久战。每个人都在不断地练习，努力成为一个全场型的球员这样就可以摆脱很明显容点，在比赛中更容地进攻。

解决办法：

全场型球员通常样样都擅长但是这不代表他们没有弱点。在比赛中进行调整，集中打他们最不擅长的，发挥你最擅长的。

例如：如果他的弱项是反手，你的强项是正手。你应该向他们的反手发球绕过你的反手准备打正手。继续向他们的反手施压直到找到机会上网或得分。用这种方式迫使对手用他们弱项打你的强项。另一个好的战术是攻击他们网前的较弱的那一边迫使他们失误。

战术 #6

如何战胜高吊球型选手

问题：

常打吊球或月亮球的球员非常难对付，他们可以使你失去耐心。你想攻击的时候他们总可以利用他们的吊球把所以事情都慢下来。当你想上网的时候你知道你将必须打过顶球。

解决办法：

你不想因为对手较高的吊球击球率使得你的击球率过低而输掉比赛。最好的战术就使他们离开他们最适应的区域或迫使他们在非常不利的位置来打吊球，又或者到无法打吊球的位置。用低的角度球可以迫使对手走出后场到场边，这样以来就很难打吊球了，因为距离要比在后场短很多。另一个摆脱这类选手的吊球的方法是简单的用短线球或是放小球将他们带到网球区域。在网前你可以打截击或者过顶，但是不能打吊球。还有一个能够击败吊球球员的有效方法是打低的短线削球，这样对手就很难打出很好的吊球，当他们没有打出好的吊球时，你就可以很轻松的打他们的身后。最后的办法是当球还在空中的时候就回击，从不让球落地。如果你站在底线里面而且对空中挥球很有信心，这将是非常有效的方式。

战术 #7

如何击败稳抓稳打型的选手

问题：

稳抓稳打的球员在比赛中通常不会主动进攻。他们不经常失误，但也不会经常打出制胜球。他们总是等待你的失误，然后利用的它们给你更多压力。

解决办法：

对付稳抓稳打的球员，必须迫使他们失误。最好的方式之一就是利用放小球或是短线球将他们带到网前，然后使他们必须打通常他们最不在行的截击球或过顶球，因为他们将更多时间用在后场打稳定的比赛。如果网前进攻是你的强项的话，你应该利用速度，短线球在网前发起进攻迫使他们冒更多风险打穿越球和吊球。用这个两战术对付此类球员都是非常有效的。

第二章：对抗高级打法的选手

战术 #8

怎么应对发强力上旋球的球员

问题：

有力的上旋球在现在的比赛中被用得越来越多。球弹起得时候既快又高，很难利用这种球去进攻或上网。迫使你要么退回后场或挪到前场进行回击。

解决办法：

有几种方法可以帮助你反击这种有力的上旋球。1. 你可以后退找你最适应的击球位置。这里不要在肩部的高度，或超过肩部的高度击球，对多数球员来说在这种高度很难回球要难得多。2. 你可以在球弹得过高之前就回击，在回击的同时往场内移动。这要求你过硬的技术，却带给你好的回报：如果你能保持快速回击，可以让你的对手忙得不可开交。

战术 #9

如何战胜只打削球的选手

问题：

有些网球选手可能只打削球。要么是因为他们的削球打得很好，要么是除了削球他们不知道怎么其他的球。这种球很低而且短，使得很难去利用它进攻或是得分。

解决办法：

对待这类球员要有耐心，长期的付出总有回报。关键是低削球不要打得太多。试着压低重心向前移动。使他们失误的一种最好的方式是，让他们跑来跑去，然后当他们打削球时，你在网前就回击。或者用混合高度球对付他们。混合高度球的意思是打一个低的上旋球，然后打一个高的上旋球，不断用这种模式直到他们挥拍时找到不正确的角度，迫使他们要么打得太低过不了网，要么打得太高而出界。

战术 #10

如何战胜大力发球的选手

问题：

大力发球的球员是很强硬的对手因为向你飞来的球速很高。这些有力且快速的球的出现，往往没有什么预警。

解决办法：

保持用小拉拍回击，在球到来之前就先跑位。在对手击球时利用分腿垫步来提高你的反应时间。回击快速发球的秘诀不是用力打力。学会利用对手的力量打出好球。多数时候你会发现要回一个好球并不需要比对手打得更大的力，需要牢记这一点。跑位，眼睛盯住球，利用小拉拍，回球时 向前移动做好这几点可也就成功回击大力发球。

战术 #11

如何回击过网急坠球

问题：

过网急坠球是一个有力的武器因为它不要求力量，以巧击或是轻击的方式被人熟知。过网急坠球拥有着和抽杀球，过顶球一样的价值。记住在球场上边线到边线的距离要比底线到球网的距离短。当你过网急坠球的时候就让对手移动的距离越长。

解决办法：

回击过网急坠球的最好方式就是过网急坠球。这样你被打穿越球，吊球或是目标球的机会大大减少。如果你很精通这种打法，可以让你的对手措手不及往网前跑。第二种回击过网急坠球的方式是用深度球向对手较弱的那边进行回击，然后期待打截击或是过顶球。如果你希望减少对手的过网急坠球，要么打有力的深度球，要么打高的深度球。这使得对手很击出过网急坠球。

战术 #12

如何战胜奔跑型球员

问题：

跑动型球员是非常强硬的对手因为他们一般不会轻易放弃且有能将很多球救回来。有些球员靠他们绝对的速度赢得比赛。他们不知疲倦的追球直到他们对手出现失误。

解决办法：

跑动型球员总会有一个较弱的击球。可能是他们的反手，正手，发球，截击或是过顶球。找到他们的弱点然后攻击这个弱点而不是抽杀。要记住他们最大的强项是他们的速度，所以将进攻的重心放在他们最弱的地方，就算这意思者不去打抽杀球。对付他们必须要有耐心，让他们在他们最弱的地方失误。坚持和有耐心，等待他们的失误，不要偏离这个战术。你常会被诱惑想去打得分球，但坚持你的战术而不是打对手最擅长的才是你应该做的。要击败跑动型球员，就要攻击他们的弱点，而不是他们的速度，因为那是你最难得分的点。保持你的战术把它坚持到底。

战术 #13

如何压制大力正拍

问题：

强力的正手球在网球比赛中很常见因为它是每个球员得分的必备武器，通常正手球就是他们最强有力的打击。在现代的比赛中强力的正手球是赢得更多分数的必要条件，因为选手们都越来越快和强壮，所以如果你想穿过他们就必须打出更快更有力的球了。

解决办法：

只要选手们在他们的发力区击球就总可以打出大力的正手球，而者个区域一般在膝盖到肩膀之间。如果你能让他们在低于他们膝盖或高于肩膀以上的高度击球，他们打出强力的正手球的机会就没有那么高了。试着用低的削球攻击他们的正手或者用高的上旋球减少他们正手发力。

战术 #14

如何战胜大力击球员

问题：

大力击球的球员左两翼都可以压制对手而且常能利用火焰似的发球得分。他们的得分秘诀就是击球的力量大于其他球员。

解决办法：

你需要利用这些像是慢速的削球，侧削球，高上旋球，深球，过网急坠球和短线角度球的无速度的球使大力击球型的球员慢下来。大力击球型的球员很讨厌球速的改变，因为这样一来他们必须针对球的深度，高度和速度做调整。一旦球的速度，旋转度和高度改变之后会使他们漏球或慢下来减少他们的失误。当你觉得你已经打乱了他们的比赛战术时，你就可以赢得更多分数。

第三章：对抗非常规打法的球员

战术 #15

如何打败"牢骚"型的选手

问题：

"牢骚者"可以很大声使人分心。每次击球他们都会发出声音，声音的大小会根据赛点的长度，得分的重要性，或是他们的疲劳度而增加。

解决办法：

学会把注意力集中在更重要的因素上面，如：呼吸和脚步。把注意放在对手正在做什么上会使你分心，无法发挥出你最好的状态。找到那些可以把注意放在跟得分相关的事情上，如：调整球拍的弦，紧一下你的鞋带如果它们松了或是没系，察下汗。如果对手的叫声实在太影响你话，你也跟着叫吧。

战术 #16

如何击败打拖延战的球员

问题：

那些有意在得分和转换时间拖延比赛是想控制比赛的节奏。有些球员喜欢快节奏为了保持他们的节奏，而另一些球员不介意打得慢一些。在比赛中处于下风时放慢节奏是一个很好的战术，你可以有更对多时间调整失误找回状态。如果在比赛中有人这样对你，你有可能很难再找回状态。

解决办法：

专注你正在做的。不要落入对手拖延时间的陷阱。时刻做好准备，要给他们颜色看看。

战术 #17

如何战胜速战型的球员

问题：

有些球员喜欢快速得分完成比赛，不让那些不适应快节奏的对手有时间来造成反省失误的原因。他们常把短暂的喝水休息时间压得很短，在你没到底线准备好回球就开始发球。

解决办法：

当有对手保持快节奏的比赛，最好的战术就是在你觉得自在和不会失误的区域以慢打快。几种最好的方法是：

- 在换场的时候察汗，补充水分还有放慢呼吸。
- 把你的毛巾放在后面或是侧面护栏上，这样你可以通过每次得走过去察汗来放慢节奏。
- 在发球或回发前紧一下鞋带。
- 在发球前或回发前整理一下球拍的线。

战术 #18

如何击败受欢迎的选手

问题：

受粉丝欢迎的球员可能会有一大群跟随者。一些粉丝和家人的助威声会非常大，非常热烈，使他们的对手难以专注的比赛。当你失分时他们会鼓掌。重要的得分点和连续对打时他们也会鼓掌助威。

解决办法：

受观众欢迎的球员在他们领先时是非常难对付的，但是当他们处于下风时赛场会安静下来。专注在比赛的前期的胜利，然后保持上风。你领先得越多，观众发出的噪音就越小。一些粉丝，家属，和其他观众会提前离场，这意味着使你分心的因素就越少，从而赢得更好的赛果。即使你是那种真的很享受在比赛中去对抗观众的球员，我还是建议你先取得比赛的前期的胜利，然后保持住直到比赛结束。受观众欢迎的球员只有在他们处于上风的时候才收到观众的追捧；或是至少他们有机会取得胜利的时候，如果你可以证明他们没有任何机会，你的比赛会打得容易得多。

战术 #19

如何反击软角度球

问题：

软脚球是非常有力的武器，因为它们可以迫使球员离开后场，进到前场或是侧边。你的对手会因为它而全场跑动，而且特别可以让球员控制全场。

解决办法：

最好的对抗软角球的的方式是做到以下三点：

- 跟着球到网前在角度刚形成的时候就切断它。
- 回一个横穿球场的角度球，然后回到球场中央。
- 在你正前方的位置打一个过网急坠球将对手带到网前，然后回到中央位置拦截对手打任何的穿越球的可能性。

战术 #20

如何反击深高球

问题：

持续的深度的高球可以造成很多球员的失误。它们能将你推到离底线很后的位置，且迫使你回降落球，大大减少你的发力。无论它们有没有带上旋，这些球都具有威胁性，对手可以获得很好的反击。

解决办法：

深度的高球有几种的反击方法。

- 你可以后退然后用高球也用高球回击然后看对手是如何反应的。

- 你可以在球弹起上升的过程中进快回击。

- 你用削球回击，让球保持低和短的线路。

除了反击他们的深度高球外，你还可以通过这几种方式防止他们打出这类球：

- 打低角度的削球或是上旋球。

- 用截击或是回旋截击在空中就把球截住，让球无法形成它应有的深度。

- 打低的短线球迫使对手走到场内,让他们很难打出精准的深度高球。

战术 #21

如何反击高反手球

问题：

对于多数球员来的高反手球是最棘手的球，尤其是当你只有单手反手。高反手球需要更多力量把球打回场内，而且通常反手不是打高球的最好选择。

解决办法：

你可以通过三种方法战胜高反手球：

1. 你可以跑到你的反手位置用正手回击。

2. 在球上升时变为高反手球前就用反手回击。

3. 你可以退到足够远的位置再打中高或着低反手球。

战术 #22

如何战胜零乱打法的选手

问题：

零乱打法的球员总打非正统的球，球带有诡异的旋转，通常都不是很好技术球但是总可以打进场，而且不容易攻击他们的球。他们经常打的球有：削球，侧削球，侧上旋球，月亮球，过网急坠球。这些球都是很轻的触击而且球朝网内回弹。

解决办法：

当你不知道预期的球是什么的时候，最好的办法就是将重心放在你的脚趾上准备打各种类型的球。确定自己和球保持较近的距离，因为它比正常情况下移动得要多一些。如果球的弹向让你觉得不舒服，你可以到网前攻击当球还在空中的时候就回击，这样就不必担心球的弹向了。

第四章：精神上的战术

战术 #23

如何克服紧张

问题：

在比赛种感到紧张是非常自然的反应。最重要的是不要让你的神经阻碍到你的表现。有时候在重要的得分点时太过紧张会让你的动作僵硬使得你犯很低级的失误或者加大你漏接的机会。

解决办法：

有很多种方式可以战胜神经。这里是几个对多数球员非常有效的方法：

- 移动你的脚步。当你觉得很紧张时，常常忘记移动你的步伐，这样会增加你失误的机会。频繁和快速地移动能够帮你更好的接到球而且在比赛中得到放松。

- 注意你在场内外的呼吸。当球来的的时候吸气，击球时呼气。当你在场下的时候呼吸更为重要，深呼吸放松你的肌肉，帮你把注意力集中在战术上而不是你的感觉上。

- 降低你的紧绷程度。试着积极正面思考你的战术，慢慢的深呼吸降低你的心跳速度。

战术 #24

如何克服压力

问题：

压力是另一个自然现象，当你觉得紧张，出于表现的压力，或者场外的因素如家人，朋友，迟到，忘记网球器具，天气条件等都会使你产生压力。

解决办法：

要战胜压力首先要弄清产生压力的原因。如果是因为迟到，确保自己不要慌，按部就班地做好赛前准备。你的动作再快也无法挽回失去的时间。慌乱只会增加你的失误。如果是因为天气而产生的压力，可能马上要下雨了。你应该把注意力放在当下的时间点上，真要下雨也没办法啊，所以不要在意比赛场上将要发生什么。如果你的压力来自家人，把你的注意力放在比赛上，如果他们对你的表现有负面影响请把他们隔离在你的思想之外。或者你可以要求他们在比赛中请保持安静，或是暂时离开到比赛结束再回来。家人当然希望你取得胜利但是比赛的压力对他们来说可能太大了。专心找到压力的根源并解决它，然后专心于赢取比赛。

战术 #25

如何保持注意力集中

问题：

保持注意力集中直到比赛结束不是一件容易的事情，需要很努力才能做到。一些球员再开始打得非常好但是结束时却非常糟糕就是因为他们缺乏注意力。另外一些球员从没有办法将注意力保持集中到比赛或是盘点结束。

解决办法：

要在整场比赛中保持注意力集中要做到以下几点。

1. 你需要视觉的提醒物帮助你在比赛中最重要的事情是什么或者哪些事情可以帮助你赢更多分。最好方法之一就是把重要的事情写在纸上放在换边时你可以瞄到的地方。这样可以帮你记住要做的事情。

2. 将两三件重要的能帮助你集中注意力事写在一张贴纸上，将贴纸粘在球拍一个不会掉落的安全位置上。球拍颈部内侧就是一个非常不错的位置。

战术 #26

交换场地时该想什么

问题：

这整个比赛过程中换边的时间一个最没被充分利用起来的思考时间。你应该思考什么？你又累又渴然而为什么要思考任何事情。但是换边时间是完成比赛中最重要的事情的黄金时间，这段时间可以去想所遇问题的解决办法，取得最后胜利。

解决办法：

在交换场地的时候什么使你得分，什么造成你失分。如果你没有在赢得分数，那你就要找出其原因。

也许你的对手在一开始就取得了控制权，迫使你只能打反手，不然你使用可以得分的正手。

也许你的脚步移动得不够频繁，需要注意一下。

也许你累了，想快点赢但是不知道怎么做。但是在交换场地的时候你可能会意识到要更主动些，可能要多打攻击网前或多打过网急坠球。

也许你的对手并没有用什么特别的战术，只是你一直在失误。但是在交换场地的时候你可能会意识到要多打长球，迫使你的对手多一点失误。

战术 #27

比赛前该思考什么

问题：

赛前要将重要的事情都想清楚，准备好一个进攻战术；但是知道在胜利或者失败面前想什么。

解决办法：

是的，在比赛中你应该发挥你最好的一面不要想得太多，但是在赛前你一定要做好充分的准备，准备好在比赛中该做的，这样在比赛中"自动飞行"模式就会开启执行你之前的想法。你应该想那些最能帮你成功的事，可以包括：

- 移动你的脚步。
- 发球时将球抛高些。
- 跟上所有的落地击球。
- 眼睛顶在球上。
- 不急着得分。
- 从比赛开始就攻击对手的弱点。
- 攻击对手的二发。

- 不被周围的噪音所干扰。

战术 #28

比赛前晚前该思考什么

问题：

比赛的前晚你应该好好休息，只想那些在你控制范围内的事。不要担心那些对你没有任何益处的事情，如下雨，起风，等。保证在比赛前晚身心都得到休息，你不会想以疲惫和虚弱最为新的一天的开始。

解决办法：

比赛的前一晚应该练习想象第二天会运用的打法。你可以想象一些特定战术的运用，如：

- 削球配合网前进攻。

- 用高上旋球攻击对手的反手或是较弱的那一边。

- 打球场对角的拉锯战。

    其它可以想象的事情有：

- 想象自己从球场一角跑到另一角救回所有的困难球。

- 充满自信的面对对手的发球。

- 发球前傲然的抛起球。

- 在赛场上充满动力和活力。

战术 #29

落后一盘该怎么办

问题：

当你输掉了一盘，开始怀疑自己，觉得自己赢不了。要清楚该做什么去调整身心的状态。

解决办法：

当你落败一盘后你要明白现在的关键是要弄清你的失分点击和得分点.

如果你漏掉了很多高球，这说明对手可能在大部分时间里迫使你这种球，那么你应该试着更多地攻击网前，减少在后场回击高球地次数。

如果你是应为身体素质没有对手强的原因在拉锯战种落败，那么你应该找出一个快速得分方法。你可以把你的对手带到网前或是打更多的制胜球球。

如果你的得分来自反手位上的正手球，那么你就应该尽量跑到反手位上打正手球。

如果你的得分全部来自一发，那么你应该将重点就放在一发上面。

战术 #30

领先一盘后该做什么

问题：

如果你取得了第一盘的胜利，无论在心理上还是感情上都占了很大上风，那么为了取得胜利你在第二盘里应该做些什么？

解决办法：

在取得一盘的胜利之后，知道对手会尽最大努力将分数追上来。当然你也明白你离终点不远了，因为你已经完成了一半的赛程。

现在最重要的是就是做到下面三件事：

1. 将得分的战术坚持到底。目前改变取得胜利的战术不是明智的选择。不要愚蠢的选择变得太主动和不太主动。

2. 为取得前三局的胜利多做努力，这样一来你就取得了一个很好的新局面。这样会使你的对手变得沮丧，剩下的比赛的会更容易。3-0，2-0，4-0 在第二盘中都是很好的开局。

3. 确保你的分数处于领先状态直到比赛结束，换句话说就是不要让你对手有胜利的希望，如果现在不这么做，之后你一定会后悔。

战术 #31

到赛末点了该怎么办

问题：

可以用不同角度来看待赛末点。用正确方式来对待它结果当然大有不同。太过自信或是怀疑自己都时很正常地，但这都对带赛末点的消极反应。该做些什么？

解决办法：

赛末点是赢得比赛的绝佳机会。当处在赛点时要确保自己不要想太多。保持事情简单。不要犹豫且精准地重复那些使你的分地动作。如果你感到紧张，简单地呼吸，移动地脚步去消除紧张感。不要东张西望是自己分心。

记住：坚持原来的战术！

战术 #32

双发失误该怎么办

问题：

双发失误会影响你的情绪和心理。这是很正常的，只要你在比赛当中不是经常双发失误，它们就会影响到你，这是很正常的。重点是你该做什么想什么去改变这个状况。

解决办法：

专注在发球该做的事上。二发要求更高的控制性，因为这是你发球成功的最后机会。不要为此紧张或是给自己太大压力。跟着下面五步做来减少双发失误。

1. 选择性的击打你抛起的球。不需要每次抛球都击打。放松自己，只击打那些位置较好成功率较高的球。

2. 不要急着做发球动作。

3. 在发球前至少拍四次球，让自己慢下来。

4. 将挥拍贯串到底。

5. 击球时保持下巴和头都朝上，这样做可以让你的眼睛尽量盯在球上。

第五章：心理战术

33. "认识你的对手"

在塞前认识你将会和什么样的对手比赛是极为重要的。他们很可能已经做好了他们的功课，他们比你想象的了解你更多。如果是这样，你就更应该四处打听一下，去了解你的对手。你可以问问你的朋友，过去的对手，队友，任何可以给予你关于你对手的信息的人。这些信息只在比赛前有用，其它的你会在赛场上学到。就算你的对手没侦查你，你也应该做好关于他/她的功课。

有两个主要愿意能说明为什么侦查你的对手是有益处的：首先，因为你可以分析他/她的强项和弱点。当你知道了这些之后，你能决定什么样的战术对这场比赛最有利。其次，是因为你在上场前能有充足的时间在脑中演练正常比赛。这个心理练习的另一个名字叫做"视觉化想象"。你可以在脑中练习任何你想练习的击打和战术，而是身体不会疲劳。

高质量的网球比赛需要大量的这类练习。许多人发的白日梦都是关于他们的比赛和怎么去比赛，他们没有意识到他们在做的就是视觉化想象。而且大部分的人都曾做过。当你了解了对手的打法，他们喜欢做什么，不喜欢做什么，心理和身体的能力后，你会有更针对性的战术。心理能力是指赛场上他们的心理素质有多强。身体能力是指身体对抗的准备做得有多好。你的对手或许正在侦查你，且知道如何和你比赛。我相信你不想他们有这样的优势。最好办法就是在在赛前做好准备。去了解你的对手。

34. "比赛在结束的时候，自己会结束"

比赛常会变成持久战因为双方都在等待看哪一放会先放弃。幸运的话，就算你就差一分就输掉比赛，也能取得最后的胜利。很多选手在 6/0 6/0 0-40 的落跑局面却赢得了比赛。这是为什么网球比赛如此具有竞争性。你必须整场比赛都保持注意力集中。

比赛中自信扮演着重要角色，因为心理弱的选手可能首先取得领先但最终输掉比赛。可能处于在下风的后，就不努力把分数追回来，或至少打一场好的比赛。很多选手已经学会不让之前状况对之后的比赛有不好的影响。一个好的选手将会战斗到最后一刻，因为他们可以分数追回来，把分数放在一边的最终的胜利。另外一些好的选手知道怎么不让他们的对手找回比赛的状态，而取得最终胜利。对于任何几个选手来说，要从逆差的分数从爬上来并取得最终的胜利，都是非常难以完成的。确保要提醒自己"比赛什么时候结束，是由比赛说了算"，所以成为让所有对手敬畏的选手，让他们记住你的坚韧。

应用

从 5-0 或 4-0 作为一盘的开始进行练习,然后试着完成比赛。帮你完成你的第一场比赛之后马上可以的联系对手进行交换练习。应该常练习打这种落后盘,习惯这种心理压力。

35. "为成功做好准备"

成功是给有准备的人的。赛场上的心理和人生的道理一样。有些球员仅仅只是穿上球衣,做好防晒,拿上几个球和球拍,就上场了。几球过后才说"现在开始比赛吧"。很多选手只为练习部分和练习比赛留几分钟做准备,这样短的准备时间也给他么的表现做了充分的解释。

现在,我们用另一方式来做准备。首先把你需要的装备写在一张单子上,然后逐个确认是否把它们带到场上。当你所以的装备都准备好了,就开始准备进入比赛的状态吧。最后做好赛前的热身。这只是一个基本的准备计划的大纲。现在我们来看一个详细的计划。这些是所以你进场前所需要的东西。

这些是一部分。如果你喜欢可以加更多。有些事看上去很傻,但是如果当你需要它们但你没有时,你会觉得自己更傻!工欲善其事必先利其器,避免自己陷入困境。不要自傲而不去寻求帮助,甚至是向你的对手寻求帮助。我们都有过这些痛苦的遭遇并感同身受。大部分的人都会乐意帮助别人。

现在你已经准备好你的装备了，将你的思想也投入到比赛中。一些选手喜欢利用视觉想象，另一些通过自言自语来加油鼓气，很多选手通过听音乐来放松自己。还要一些喜欢在场上观看网球的电视节目。每个人都有不同的方法去准备比赛。试试这些例子或其他方法看哪种最能帮你在心理上做好准备。在比赛的准备阶段这是非常重要的。不要轻视它。

如果你想长年打网球，那么在每场比赛前最好热身。正确的热身带来的好处是你无法想像的。

一开始做一些轻松的伸展运动；这样可以松弛你的肌肉。然后慢跑几分钟。你可以在同一地方慢跑也可以绕某个地方慢跑，直到你的身体热起来. 之后，打一些迷你的网球，逐渐的让自己从网前打到后场，然后在后场慢慢地加快球的速度。

36. "保持一张扑克脸"

多数人都认同一些世界级最好的扑克选手无论他们拿到好牌或是坏牌都能保持同一张脸。对有些人来说很难相信但是在网球比赛中是非常真实的道理。你有注意到那些最难击败的球员是怎么保持他们的陌生面孔，展现出很难击败的表情，或是怎么改变他们的姿势？对那些喜欢看到对手因为表现的相当差或是失去一个关键的球分事而哀嚎并扔球拍的球员来说可能会感到分次沮丧。因为扑克脸的球员是非常强劲的对手，他们不会将他们的情绪再球场上表现出来。就算在非常急切想取得胜利的时候，他们也会将这种需求表现在冷静及集中注意力上。不要认为他们没有情感。只是在这个时候他们将清楚隐藏起来了。为了成为一个更好的球员，请尝试一下中方法。也许你将情绪发泄出来会表现得更好，这样很好，但是任何人都愿意尝试一下新得东西，而这样做就是一个很好得开始。它能改变你看待网球的方式，你会看到那些一直存在但从未见到的事情。当你集中精神，专注与手头上的事情的时候美好的事物就会发生。当你保持冷静，不感情用事的时候，你自然可以做到高度的集中精神。打球时保持一张扑克脸，你会看清谁在虚张声势，谁在真正为胜利而努力。

37. "隐藏你的弱点，利用对手的弱点"

你可曾看过一些球员在场上近乎完美的表现？为什么没有人打破他们的比赛？也许他们非常善于隐藏一些东西。那些他们不想被你知道的事情，比如一个弱点？如果你不知道他们的弱点，你该从哪里向他们发起进攻？在一场比赛中，球员的劣势就是他/她们不知道对手的弱点。

在比赛开始前，找出你对手的弱点然后想出怎么放大它们的办法。问问其他的朋友和球员是否知道这个人。你甚至可以在互联网上查找关于他的信息看看是否能够帮助到你。如果没有人知道这个人，那么就在热身的时候靠自己找出来。先打他们的正手，再打他们的反手。之后混合高球和旋转球。你最终会再剩下的比赛中找到他们的弱点。

举例来说，如果反手时你的弱点，那么就学着跑到正手位打正手球。再好比，如果你的体能不太好，不希望再底线打拉锯战。在这种情况下，最好是攻击网前或做到快速得分。这样以来你可以隐藏自己的弱点，利用对手的弱点。

应用

找你练习的搭档用他们的武器攻击你的弱点。一开始会觉得很难对付，但是这样能帮助你在比赛中战胜这样的情况。然后调过来，用你的武器攻击练习搭档的弱点。这样做能帮助你明白你武器到底有对强劲，还需要多大的提高。同时你也学会如何防守和进攻。

38. *"胜者是最后一个将球打入场内的人"*

有很多宗旨教授网球应该如何打。最简单一个可能是"胜者是最后一个将球打入场内的人"。当球没过网或出界,就会失分。能将球保持在场内,就会得分。这看起来非常基础,但是有时也是最难做到的基本的事情之一。

应用

为了能达成这条宗旨,需要持续的练习。至始至终的保持 10 个球能够过网且在界内。当你可以完成 10 球后,就努力做到 20 个。确定目标然后努力达成。例如,我的目标是在这个月内和我的练习搭档至少做到 100 个球。当做到这一目标后就可以开始在更为具体的方面进行练习,例如高球和旋转球。这一点在第 24 条战术里有详细介绍。

39. "做诚实的自己"

在势均力敌的比赛中，我们都会急着对那些接近边线的球喊线审。你可曾听说过"怀疑时，就线审"？这样当然不是道德或正确的。不要让一时的压力使成为一个不公正的球员。如果你对一个侥幸球不是很确定，那么就重新开始。这才是正确的做法。这样会节省你很多时间也避免一些激烈的争吵。做诚实的自己。当自己确实看到了才线审。这样你会感觉很好，也会受到其他人的尊敬

应用

观看实况比赛时试着在脑中判断球是否出界，不要叫出来。用这种方式来练习甚至在你没有比赛时。一段时间后你的直觉就能告诉你哪些是好球哪些是怀球。

40. *"乘胜追击"*

在一个发球中一旦你发起进攻，你会获得控制权，会有更好的选择去完成得分。换句话说，当你开始发起进攻后，你就能够继续进攻（多数情况下）。不要等待机会的来临。释放自己，做到最好，成为得分的掌权者。学会前瞻性而不是反应性。一个有前瞻性的球员会事先处理一个预期的困难。一个反应性的球员对事情做出反应而已。在网球比赛中对事情做出反应在球场上是很正常的。当你学会了前瞻性，你赢得比赛的机会会增加很多倍。控制得分。发起进攻这样一来就可以乘胜追击。

41. "成为冒充者，赢得比赛"

很多人在有压力的情况下会觉得他们没有自信和勇气去赢取比赛。为什么不在网球场上成为一个演员，扮演一个有自信或有勇气的的网球员呢？成为一个冒充者，你会赢得比你想像得更多。选择一个你在场上和场下想被看待的方式。然后那个你想成为的人。一开始你会觉得很尴尬，但通过一些练习后你会习惯的。一些球员不知道在球场上运用意象的重要性。

假如你刚打了非常长的一局，你很累了。你的对手看起来也很累，但是你决定拿出你的能量和积极的态度。让他们认为你还可以再打这样的两局。这会令任何对手都泄气。当他们看到你时会发现他们没有任何机会（就算你们实际上都觉得很疲惫）。你的对手会认为他/她没法与不知疲倦的球员交锋而选择放弃。听起来如何？但这不是经常发生的。成为冒充者一定会增加获胜的机率。所有的演员为了使他们的意象变得完美而努力工作。他们知道他们成功就倚靠它。或许你不能靠你的表演赢得"奥斯卡"，但你能赢的更多的比赛。

42. "击垮城墙"

每个网球选手都有一座需要保护的城堡。它们的城墙防止敌人的入侵。但是如果这些城墙倒塌了，守住城堡的希望就渺茫了。一些网球选手的城墙是他们的发球或是他们的正手。其他的选手可能是速度或是耐心。当你打破一个球员的城墙时，你就打开了一扇进攻的大门。学会"击垮城墙"，你会赢取很多的比赛。

应用

让你的练习搭档扮演进攻者，你扮演防守者。换句话说，让你的练习搭档进攻试着得分，同时你要做到接好球等待他／她的失误。当你们都掌握了，就交换。现在你是进攻方，她／他是防守方。通过这种训练你会学会如何击垮那些城墙，并加强弥补自己的弱点。记住你在想方设法的朝着解除他们的武器而努力着。

43. "从每场比赛中学习"

出现失误事合乎情理的，只要的你从中学到东西，并改正他们。不要习惯性的犯错而从不吸取教训。这会在比赛中伤害到你。看待自然性错误的最好方式是把看作是一个学习的过程需要付出时间和奉献精神。通过练习和比赛纠正它们，然后看着你的网球水平飞速提高。每场比赛都告诉我们一些事情。我们必须打开我们的眼睛，看那些我们需要看到的东西。通过经验我们可以积累到很多知识。在日志上积累你所有的经验，通过它们可以获得知识。试着用这个"赛后日志"：

赛后日志

日期:

对手:

赛事:

从 1-10 给自己打分:

(10 是你最好的表现)

在比赛中做了哪些是正确的事

在比赛中犯了哪些错误

我学到了什么

为了应用我学到的东西我该做些什么

很多时候我们没有从错误中学到东西是因为我们不记得它们。提醒自己需要改进的所有的细小的事情，达成你的目标。至少每星期看一次"赛后日志"。

44. "获取知识"

网球＋球拍＋知识＝成功

不要感到骄傲而不去寻求帮助。当你请教他们的时候，很多网球教员会很乐意的帮助你。记住这一个点，某些人在某个领域比其他人更专业。弄清你需要提高什么，学习什么，然后获得他们的帮助。从别人的错误中学习，比从自己的错误中学习节省很多时间。在网球书，杂志，视频和网络上能找都所有不同主题的信息。

你知道得越多，在网球比赛中你就更有创造力。当你有更多关于一个决定的信息时，你能做出更好得决定。

45. *"清楚规则"*

知道网球规则时非常有用的。一些球员还没意识到获得关于下面的知识能有多大的优势：

球场的尺寸

单打规则

双打规则

混合双打规则

球拍

球

重赛

发球的顺序

辅导

轮椅网球规则

你知道吗？

你知道球场中央的网要低一些吗？你还知道当你打斜对焦的球，实际上你在打高效率的球吗（比你在底线时有更高几率打出界内球）？因为场地对角的距离要比底线到底线的距离长。就你所见，当你想更精明和更效率地打球，知道网球的规则是非常用的。

应用

获取一本网球协会的规则手册，仔细阅读看看你能从中学到多少东西。花大量时间在得分，局，盘，和比赛的章节上。获得这些给你的优势。在得分和换边休息时间中练习计时，你可以适应比赛中遇到的短时间的周期。同时练习得分，休息时间不要超过 30 秒。保持的身体状况。这样能帮助你保持在比赛中想维持的节奏。

46. "打造自己的棋盘"

网球像一个象棋盘；你必须把棋子放在正确的位置上。当你把自己在正确的时间放在正确的位置上，你会发现你可以打出理想的球。事情不会在你像它发生的时候就发生。为突如其来的机会做好准备。

应用

首先，训练所有的基本击球。完成这之后，在不同情况下混合不同的击打。这样的训练能帮助你建立每场比赛的计划。

练习 #1

用正手交换打上旋球和下旋球。试着不要重复同一旋转两次。只有你的练习搭档可以用同样的旋球。当你的正手能打得非常自如后，用反手进行同样的练习。你交替旋球，搭档用同样的旋球。然后和你的搭档交换。

练习 #2

一个球员打对角球，另一个在底线打直线球。这个模式让击球的形状看上去像数字 8。当你完成这个练习后，和你的搭档交换。

47. "找到模式"

有很多选手打球被教导用一宗能常被预测打法来打球。他们学到将球不断的打到某个特定位置。他们也会被教导在特定的分数上如赛点或盘点要做特定的事情。如果你学会了他们的模式，就可以预测他们会做什么。当你学会了如何破解他们的模式后，他们就再也没有能力给你意外了。一旦你知道球的落点，利并用它取得优势，他们的比赛也会变得脆弱不堪。

为了学会寻找模式不需要成为一个数学家。观看身边的或电视上的网球比赛。试着找出每个得分，局，盘，或是整个比赛的不同模式。

48. "卒也能将军"

在象棋中，你常会发现在某些情况你必须用你最弱的子去将军。在网球中也是常事。每天都神经气爽，打出最佳状态是非常难的。偶尔，你会在不是最佳的状况下进行比赛，在你比平时表现差的情况下赢得比赛是具有挑战性的，但是这也是将你自己从休息中分离出来的时刻。不论最好的时候还是最差的时候都要得胜。

应用

和搭档进行练习赛，让搭档用他／她的武器进攻你的弱点。这样练习不超过 45 分钟然后交换。在你们都完成至少两盘后，然后进行得分练习，你可以朝你任何喜欢的地方打，在你较弱的那一边打出精彩的球后看看你感觉有多自在。

和你搭档以外的球员进行一场比赛。将导致你失分的弱点的表现和以往的比赛的表现进行比较。你会发现在较弱的方面你比以前更有信心。这能帮助你在艰难的比赛中获胜，就算你在最佳状态。还有很多其他的技术能够在不同的情况下适应，但是这是一个很好的开始。

49. "建立一个基础"

这生活中，我们对同一个件事常有不同的计划。我们计划 A 如果计划 A 不行，我们就用计划 B。当计划 B 也没效果时，我们就用计划 C。这个被称为建立计划基地。在网球中，一场比赛里你可能必须改变的战术很多次。有一个适合你应对的对手的，我们认为最好的基本的战术或是战术是明智之举。当你完成了战术基地后，想想有没有可以替换的战术来以防万一。

很显然，你会有计划 A，他是最好的战术，或是你用得最得心应手的。现在你需要确定计划 B 是什么？如果计划 A 是在底线重创对手，那么计划 B 可以是攻击网前。加快比赛的节奏。最后，计划 C 可能是保持每个球在界内等待对手的失误。来减慢比赛的节奏。

如果一些东西没效果，试着由计划 A 转向计划 B. 如果计划 B 也不是办法。那么试试计划 C。常保持至少有三个可以替换的战术，但是首先好建立一个基础。你的基础是那个在你开始每场比赛都用的计划。它常常是那个能给你带来最好的结果的，最得心应手的计划。

50. "不要让井水干了"

利用你的武器是赢得比赛最符合逻辑的方式。但是你过于频繁的运用你的武器对手会慢慢习惯他。对你来说这是非常危险的。最好是让你的对手摸不透你。尽量多运用你的武器但是要混合其他的打发来保持平衡。不要让他们习惯看到一些模式或者频繁的运用同一种击打。不要让井水干了。保持不可预测性。

应用

学会或是提高你的混合击打的方式的最好方法就是在进行针对性的训练。和你的搭档练习得分，你们的都不许用同样的击球方式击球两次。一开始，不要发球。就用扔球的方式来开始联系。这是一个训练的例子：

用正手：

上旋球

削球

平击

深入场内的上旋球

短线的上旋球

深入场内的削球

短线的削球

用反手：

上旋球

削球

削球

深入场内的上旋球

短线的上旋球

深入场内的削球

短线的削球

注意： 只要你的击打是交替性的那么这些击球方式是可以重复的。你可以按你的喜好将它们简化。当你大的很熟练了，你想加入多少不同的击球方式都可以。最好是有两种或三种组合开始，然后循序渐进的增加。

51. "心胜于物"

网球作为一种身体对抗的比赛，而它现在已经超越成为一个精神对抗的比赛。我们身体不能做到的事情，我们的精神可以做到很多次。精神的力量是不可想像的。当我们在比赛中感到紧张和不适的时候，情绪和想法就成为极为重要的因数。有时我们会为我们身体做的事情而感到奇怪。"为什么我没有将我的手臂再抬高把球打过网？"我们要记住我们的思想控制我们的行为，它只是执行思想的命令。锻炼你们的情绪控制力。在必要的时候他们会是你极好的盟友。专注是比赛中最基本的技能。通过一些练习就可以学会它。但是它也是最难掌握的技能之一，可它也的确是极为有价值的技能。

52. "只在生日当天送礼物"

多数球员都知道不轻易放弃任何分数是何等的重要，尤其是在最后的一球的时候。我们常常将一些礼物送出去，结果到最后他们还是伤害我们。比赛时，将这些礼物最小化，也将不必要的失误最小化。只在生日当天送礼物。

应用

将礼物最小化的最佳途径就是不断地提高自己。当下次你热身后踏上球场进行练习的时候，就拿出一个球和你搭档练习，尽可能的维持这个球。从第一球开始你就要让自己习惯保持球的正确的打法。当你在进行练习的时候，数一下你有多少次成功的击球。在你出现失误之后，选择你想要的一边，击打方式和旋转持续地做同样的练习。例如：用正手上旋球打对角。试着尽可能保持不出现失误，然后记录下一共打了多少球。每一边都要练习（正手和反手）然后比较每天的练习结果。至少要训练这几中练习：对角正手，对角反手，底线正手反手，和底线反手正手。

53. *"拥有一颗狮子心"*

有很多方式赢得网球比赛和巡回赛。有一些是因为非凡的技术。有一些测试靠比他人强壮的身体条件。这条法则要阐明的方法可能是最重要的,至少要注意心这个字。它具有将我们的水平带到满分十分的力量。它能让你成为令人敬畏的对手。最重要的是,它能带你取得胜利。

54. "选择你的武器"

在网球水平开始提高的时候,你可以感到能控制能多的东西。这种控制就是你特长的开端。每个人都有一些比其他人做的好的事情。力量,落点,旋转和连贯性的其中一点或全部都能让你控制分数。他们都可以是你的"武器"。将你的武器提高得越多,你就更具威胁性。一些球员具有出乎意料的发球。另一些球员具有有力的正手或反手。很多球员是靠他们的速度或敏捷性取胜。找到自己的武器,然后通过创造其他的武器加强它的潜力。如此一来你会拥有两种武器,对其他选手的威胁性也加倍了。

55. "用模仿练就完美"

一些伟大艺术家从一开始都是模仿他们喜欢的画家，然后才形成他们自己的艺术风格和形式。创造自己的球风是一件很好的事但是这样需要时间练就。网球也被模仿然后在到完美。寻找那些具有你喜欢的球风的职业球员。阅读有关他们的事迹。观看他们的比赛。试着模仿他们的每个细节，知道你完全掌握了他们的风格。当你做的时候，根据自己情况做下调整直到你感到得心应手。记住，不要成为其他球员的复制者，只取其长处然后做到更好。

56. "四叶草"

四叶草，幸运兔脚，马蹄铁是各种形式的幸运护身符，能带给你好运。运气在网球中重要吗？是的。为什么？因为总有一些事情是无论我们做什么都无法控制的。我们能让运气成为我们比赛结果的决定性因素吗？当然不。我们必须做正确的事来提高我们的机会，例如：正确地做好比赛的准备，分析对手，使用合理的战术，保持积极的态度和集中精力。这只列举了一些，却是一个开始。运气降临给那些寻找他们的人。不要等待对的时刻或是对的比赛才发挥出你真正的潜力。现在就做。从第一分开始然后保持到比赛的最后一刻。你会知道哪些比赛或分数是运气。那些分数没有一点努力是不会得来的。

应用：

制造自己的运气并看看结果。制造运气的最好的方式就是设定目标。选择一个可以被测量的目标。便于你可以看到你的进步，然后决定是否要对目标做出一些改变。一旦你明确了目标，并决定了用什么方式去达成它们，把它们写下来。最后设定每天的目标，用这些目标帮助你达成你最终的目标。

将你每天的目标写在一张方便携带的卡片上。每次当要做某事的时候就问问自己："它能帮助我最近我的目标吗？"如果不是，就不要做。如果可以，那么你就在走向成功的道路上了。

这是一个简单的例子：

你的目标可能是："将我一发的成功率提高百分之二十。"

现在决定你需要做什么去实现它：

请一个专家看看我的发球。

每星期练习"X"数量的发球。

使每球带更多的旋转。

提高自己加速的能力。

增加腿部的力量。

在我的练习中使用目标（锥体柱子，球，等）

现在将这些想法变成每天的目标将它们写在一张卡片上，这样方便你每天可以多次查看它们。

57. "为勇气而幽默"

当你处于一场激烈的比赛中时,然而比赛没有朝你所想的方向发展,开始变得急躁,消极还有粗心。球员应该怎么利用这些时刻使自己变得更强大?大多数在关键的分数上由粗心所造成的失误都是因为压力。摆脱这种压力的最好方式就是利用幽默。无论在什么时候你犯了一个很低级错误都一笑置之。你会无法想象你将会有多放松,对比赛会带来多么积极的影响。当你有一个好的心情,大部分的事情都是朝你所想的方向发展。是的,你仍当赢取比赛,还是会感到有压力,但是用微笑或是对失误一笑置之能保持你的竞争力。将你的竞争力保持到比赛结束,所有的人都会感觉到它。不要轻易的叫喊和扔球拍。如果你能对那些糟糕的时刻一笑置之,继续保持好的心情,你会很享受网球比赛。

58. "参加派对"

当你感到和你的搭档练习或是某个练习设备已经不再是适合你了就开始寻找其他选择吧。如果你没有在预期的效果上得到提升或者只是想开一个常规基础竞赛，那么到开派对的地方去吧。换句话说，到你喜欢的训练方式的地方去或者到可以和你想竞赛的对手的地方去。如果你老是做同一件事，只会得到相同的结果。主动权在你的手上。你想对你的网球做什么？到你需要去的地方去。

59. "婴儿学步是为了像巨人般的站立"

真正的冠军知道成为伟大的球员是需要事时间磨练的。千里之行始于足下，没有一步登天。只要你有耐心任何事都会变得轻而易举。首先你学会只有10mph的速度下开车。然后你会更快一点，例如25mph。后来你可以开到50mph。最终在相继的婴儿学步之后，你可以达到100mph。网球也是同样的道理。只要你在逐渐提升不要为速度太慢而感到沮丧。这些小小的提高都是将来成长的种子。想成为网球界的巨人吗？从婴儿学步走向成功吧。

60. *"你的二发：希望它能为你很好服务"*

二发可以成就你也可摧毁你。好的二发会轻松得分，或至少能为得分取得有力位置。一个不好的二发会造成你双发失误，让你的对手取得分的主导权。练习这些有用的训练来增加你二发的成功率。

祝你们在比赛中能有好运，要记得尽量经常利用这些战术。它们可以帮助你赢得更多的比赛。

www.ingramcontent.com/pod-product-compliance
Lightning Source LLC
Chambersburg PA
CBHW070156080526
44586CB00015B/2022